EL LIBRO DEFINITIVO SOBRE

Pingüinos

para niños

Más de 100 hechos sobre pingüinos, fotos, cuestionario y más

Escanéame

BELLANOVA

MELBOURNE · SOFIA · BERLIN

ÍNDICE

INTRODUCCIÓN

Es difícil no amar a los pingüinos. Pero, ¿cuánto sabes realmente sobre tu ave favorita amante del frío?

En este libro, aprenderás más de 100 cosas increíbles sobre los pingüinos, desde los Emperadores hasta los Adelia. Serás un experto en pingüinos en poco tiempo. ¿Estás listo? *¡Vamos!*

Pingüino emperador con un polluelo >

DATOS CURIOSOS SOBRE PINGÜINOS

Los pingüinos son aves que no pueden volar. Solo pueden caminar y nadar.

...

La mayoría de los pingüinos viven en el hemisferio sur.

...

Los pingüinos no solo viven en climas fríos. Hay grandes poblaciones de pingüinos en países como Australia, Nueva Zelanda, Sudáfrica y Chile.

Pingüinos rey parados cerca de una foca de Weddell antártica.

Aunque el agua del mar es salada, los pingüinos pueden beberla.

. . .

No hay pingüinos viviendo en el Polo Norte.

. . .

El pingüino de Galápagos es el único tipo de pingüino que naturalmente se dirige al norte del ecuador.

. . .

La mayoría de los pingüinos no son sexualmente dimórficos, lo que significa que tanto los machos como las hembras se ven iguales.

Pingüinos rey.

Pingüinos de Magallanes en la Patagonia.

Pingüinos rey.

Puede parecer que los pingüinos tienen alas, pero solo las usan como aletas para nadar.

Los pingüinos emperador
pueden permanecer bajo el agua
ininterrumpidamente hasta por 20 minutos.

. . .

Los pingüinos pasan alrededor de la mitad
de su vida en el agua y la otra mitad en
tierra.

. . .

Cuando los pingüinos que viven en la
Antártida están en tierra, no tienen
depredadores. Sus únicos depredadores
están en el mar.

Los pingüinos perdieron su capacidad de volar hace millones de años. Ahora son las aves que nadan más rápido y bucean más profundo del planeta.

· · ·

Dado que no tienen depredadores naturales en tierra, los pingüinos generalmente no temen a los humanos.

· · ·

El pingüino emperador es la especie más alta de pingüino. Pueden medir hasta 120 cm de altura.

Los pingüinos salvajes típicamente viven de 15 a 20 años.

. . .

Los fósiles muestran que las primeras especies de pingüinos vivieron hace más de 60 millones de años. Eso significa que los ancestros de los pingüinos que vemos hoy sobrevivieron a la extinción de los dinosaurios.

. . .

Los pingüinos tienen una glándula especial detrás de sus ojos —la glándula supraorbital— que filtra la sal del agua de mar de su torrente sanguíneo. La sal es excretada luego a través de sus picos o estornudando.

*Dos pingüinos emperador
y su polluelo.*

Una colonia es donde los pingüinos se aparean, anidan y crían a sus polluelos.

. . .

Los pingüinos barbijos han sido apodados 'pingüinos rompepiedras' debido a sus gritos excepcionalmente fuertes.

. . .

Los pingüinos ojigualdos tienen brillantes ojos amarillos, como los gatos. Son la tercera especie más grande de pingüino en el mundo.

Pingüinos papúa con polluelos.

Los pingüinos azules son la especie más pequeña de pingüino, con un promedio de 33 cm de altura.

...

Los pingüinos crestados tienen crestas amarillas, así como ojos y pico rojos.

...

Cuando hace mucho frío en la Antártida, los pingüinos emperador a menudo se agrupan para mantenerse calientes.

Pingüino de barbijo >

Pingüinos de penacho
amarillo en Argentina.

El pingüino de Adelia.

Hay 17 especies de pingüinos, 13 de las cuales están en peligro de extinción o al borde de la extinción.

• • •

Los pingüinos suelen entrar al mar en grandes grupos. Los científicos creen que esto es para garantizar la seguridad mediante el número.

• • •

Los pingüinos ojigualdos son nativos de Nueva Zelanda. Están en peligro de extinción y solo quedan alrededor de 4000 en estado salvaje, lo que los convierte en los pingüinos más raros del mundo.

¿Sabes por qué los pingüinos son negros y blancos? Los ayuda a camuflarse en el agua. El negro en sus espaldas es difícil de ver desde arriba, mientras que el blanco en el frente parece el sol reflejándose en el agua cuando se los ve desde abajo.

· · ·

En relación con el tamaño del animal, los huevos de los pingüinos son los más pequeños de cualquier especie de ave. Además, las cáscaras de sus huevos son mucho más gruesas que la mayoría de los otros huevos, lo que ayuda a protegerlos en el ambiente hostil.

Pingüinos ojigualdos.

La mayoría de las especies de pingüinos ponen dos huevos a la vez. Sin embargo, los pingüinos emperador y rey no construyen un nido y ponen un solo huevo.

• • •

Los pingüinos no son las únicas aves que no pueden volar. Entre otras, están kiwis, avestruces, casuarios, emúes y ñandúes.

• • •

Los pingüinos a menudo se deslizan sobre su vientre a lo largo del hielo y la nieve. Esto se llama tobogán. Se cree que hacen esto tanto por diversión como para desplazarse más rápido.

Pingüino rey.

Pingüinos de barbijo
en la Antártida.

Un grupo de pingüinos en el agua se llama **balsa**. Un grupo de pingüinos en tierra se llama **colonia**.

...

Los pingüinos encuentran toda su comida en el mar. Comen principalmente pescado y calamares, y un pingüino grande puede atrapar hasta 30 peces en una sola inmersión.

...

Los pingüinos pueden nadar veinte veces más rápido de lo que pueden caminar en tierra.

Pingüinos emperador.

Polluelos de pingüino emperador.

Pingüinos de El Cabo.

Cuando tienen calor, los pingüinos jadean como los perros para ayudarse a enfriarse.

. . .

Los pingüinos no tienen dientes. En su lugar, utilizan sus picos para agarrar a sus presas. En su lengua tienen espinas, que también ayudan con el agarre adicional.

. . .

Cuando los pingüinos comen, también tragan piedras y guijarros. Los científicos creen que esto es para ayudarlos a digerir su comida. Otra teoría es que las piedras ayudan a los pingüinos a sumergirse a mayor profundidad.

Los pingüinos rey crean colonias de anidación de hasta 10,000 pingüinos.

...

Los pingüinos emperador son la especie que se reproducen en el ambiente más frío. La temperatura del aire puede ser tan baja como -40° F (-40° C).

...

Los pingüinos nadan tan rápido que pueden impulsarse a través del agua y cortar las olas como lo hacen los delfines. La técnica que utilizan se llama ***marsopeo***.

Los pingüinos emperador y sus polluelos >

Pingüinos papúa.

Los pingüinos pequeños tienden a vivir en climas templados, como los reinantes en Australia y Sudamérica, mientras que los pingüinos grandes viven en climas más fríos, como la Antártida.

· · ·

Cuando los polluelos de pingüino nacen no son impermeables, lo que significa que deben tener cuidado de no entrar en el agua. Dependen de sus padres para que les traigan comida y los mantengan calientes.

· · ·

Algunos pingüinos prehistóricos podían crecer tanto como los humanos.

Pingüinos rey.

Pingüinos de penacho amarillo.

Solo dos especies de pingüinos viven y se reproducen en la Antártida: los pingüinos emperador y el pingüino de Adelia.

. . .

El miedo a los pingüinos se llama esfeniscifobia. Pero estamos seguros de que tú no la tienes.

. . .

Los pingüinos de penacho anaranjado obtienen su nombre de las largas crestas plumosas de color naranja, amarillo y negro que tienen sobre sus ojos.

Colonia de pingüinos de El Cabo
en la playa en Sudáfrica.

Los pingüinos ven mejor bajo el agua que en tierra.

. . .

Los pingüinos no pueden respirar bajo el agua. Sin embargo, pueden permanecer sumergidos de 10 a 20 minutos antes de necesitar salir a respirar.

. . .

Los pingüinos rey, la segunda especie más grande de pingüino, no se tambalean como la mayoría de los pingüinos: corren bastante rápido sobre sus pies.

Los pingüinos son muy sociables. Hacen la mayoría de las cosas en grupos tanto en tierra como en agua.

...

La temperatura corporal normal de la mayoría de los pingüinos es de 38° C (100° F).

...

Los pingüinos pierden sus plumas (las mudan) una vez al año. Cuando han perdido sus plumas dejan de ser impermeables, por lo que necesitan esperar hasta que sus plumas vuelvan a crecer antes de poder regresar al agua. Durante este tiempo, que puede durar semanas, los pingüinos pueden perder hasta la mitad de su peso corporal.

Un pingüino de penacho anaranjado.

Los pingüinos pasan varias horas al día acicalando sus plumas. Esto es muy importante, ya que así mantienen su impermeabilidad.

. . .

Los pingüinos esparcen aceite proveniente de una glándula cerca de las plumas de su cola, sobre su plumaje para proporcionar impermeabilización adicional.

. . .

Las amenazas más comunes para los pingüinos en la naturaleza son la contaminación, la pesca comercial, el vertido de petróleo y el calentamiento global.

El pingüino de Galápagos ha perdido más del 50% de su población desde la década de 1970. Los científicos estiman que tienen un 30% de posibilidades de extinguirse en este siglo si no son protegidos.

. . .

Hay dos días al año para celebrar a los pingüinos. El 20 de enero, que es el Día de Concienciación sobre los Pingüinos, y el 25 de abril, que es el Día Mundial del Pingüino.

¿Cómo vas a celebrar?

Pingüinos papúa llegando a tierra.

Una enorme colonia de pingüinos en Isla de los Pájaros, Patagonia.

Pingüinos papúa.

Cada año, la población mundial de pingüinos de Adelia consume alrededor de 1,5 millones de toneladas métricas de krill. Además de eso, también comen calamares y pescado.

• • •

La mayoría de las especies de pingüinos son monógamas. No siempre tienen el mismo compañero a lo largo de su vida; sin embargo, solo tienen un compañero durante cada temporada de apareamiento.

La sobrepesca de los océanos por parte de los humanos les quita alimento a los pingüinos, y está causando una disminución de población en muchas especies.

· · ·

Los pingüinos emperador incuban sus huevos manteniéndolos calientes sobre sus pies. Debajo de un pliegue de piel sin plumas, hay muchos vasos sanguíneos que mantienen caliente el huevo.

Pingüino rey.

Pingüinos rey.

Ambos padres pingüinos, machos y hembras, cuidan de sus crías durante varios meses, hasta que los polluelos son lo suficientemente fuertes para cazar su propia comida.

...

Si el polluelo de un pingüino emperador muere, a menudo la madre "secuestra" a otro polluelo.

...

Los pingüinos tienen rodillas. La parte superior de sus piernas está cubiertas por plumas.

Polluelos de pingüino emperador en Georgia del Sur.

CUESTIONARIO DE PINGÜINOS

¡Ahora pon a prueba tus conocimientos en el cuestionario de pingüinos! Las respuestas se pueden encontrar en la página 69.

1 ¿Cuál es la especie más grande de pingüino?

2 ¿Qué alimento comen principalmente los pingüinos?

3 ¿Dónde viven los pingüinos?

4 ¿A qué grupo animal pertenecen los pingüinos?

5 ¿Cuántas especies de pingüinos hay?

Pingüinos rey y un pingüino papúa.

Pingüino emperador con un polluelo.

RESPUESTAS

1. Pingüinos emperador
2. Kril, calamares y pescado
3. Solo en el hemisferio sur
4. Aves
5. 17
6. Pingüino azul pequeño
7. Para mantenerlos a salvo de las focas
8. Se deslizan sobre el hielo sobre su vientre
9. Nadan con sus alas
10. 736 metros
11. Solo cuando están en el mar
12. El macho incuba el huevo todo el tiempo
13. Sobre sus pies
14. No
15. Verdadero
16. Una balsa
17. Polluelos
18. La sobrepesca por humanos
19. 25 de abril

SOPA DE LETRAS DE
Pingüino

F	D	S	X	V	A	D	E	L	I	A	Á
E	M	P	E	R	A	D	O	R	F	D	A
É	S	D	L	N	H	G	D	A	W	P	N
Q	W	X	C	U	N	H	G	P	C	H	T
T	Á	W	V	C	M	B	C	I	X	G	Á
R	H	I	E	L	O	A	X	C	É	F	R
E	N	G	F	S	W	Z	S	O	M	D	T
R	O	I	A	L	E	T	A	N	N	A	I
E	E	N	É	J	Y	F	D	B	V	W	D
D	Z	Y	X	M	H	F	S	X	C	E	A
P	I	N	G	Ü	I	N	O	S	X	F	N
E	D	S	A	Á	M	B	C	F	É	G	V

¿Puedes encontrar todas las palabras enumeradas abajo en la sopa de letras a la izquierda?

EMPERADOR	HIELO	PICO
ANTÁRTIDA	REY	ALETA
PLUMAS	PINGÜINOS	ADELIA

SOLUCIÓN

					A	D	E	L	I	A
E	M	P	E	R	A	D	O	R		A
			L							N
				U			P			T
					M		I			Á
	H	I	E	L	O	A	C			R
						S	O			T
R			A	L	E	T	A			I
	E									D
		Y								A
P	I	N	G	Ü	I	N	O	S		

FUENTES

Penguins, 10. 2022. **"10 Cool Facts About Penguins"**. *City Of Albuquerque.* https://www.cabq.gov/artsculture/biopark/news/10-cool-facts-about-penguins.

"Penguin - Wikipedia". 2022. *En.Wikipedia.Org.* https://en.wikipedia.org/wiki/Penguin.

"Penguin Facts". 2022. Greenpeace.Org.Uk. https://www.greenpeace.org.uk/news/penguin-facts/.

"Fun Facts About Penguins! - Cool Australia". *Cool Australia.* 2012. https://www.coolaustralia.org/fun-facts-about-penguins/.

"Emperor Penguin - Wikipedia". 2022. *En.Wikipedia.Org.* https://en.wikipedia.org/wiki/Emperor_penguin.

"30 Fascinating Facts About Penguins That Prove Just How Majestic (And Adorable) They Are". 2020. *Good Housekeeping.* https://www.goodhousekeeping.com/life/g19844807/penguin-facts/.

"5 Fun Penguin Facts | SEA LIFE Sydney Aquarium". 2022. *SEA LIFE Sydney Aquarium.* https://www.visitsealife.com/sydney/information/news/5-fun-facts-about-penguins/.

"30 Fun Penguin Facts For Kids You'll Wish You'd Known | Earth Eclipse". 2022. *Earth Eclipse.* https://eartheclipse.com/animals/penguin-facts-for-kids.html.

"A Phylogenomic Study Of Birds Reveals Their Evolutionary History". 2022. *Science.* https://www.science.org/doi/10.1126/science.1157704.

"Penguins Of Australia And New Zealand". 2022. *Web.Archive.Org.* https://web.archive.org/web/20120217205921/http://www.siec.k12.in.us/west/proj/penguins/australia.html.

Esperamos que hayas aprendido algunos hechos asombrosos sobre los pingüinos.

Nos encantaría que te tomaras dos minutos para escribir <u>una reseña</u>; siempre nos hace sonreír y ayuda a otros lectores a tomar mejores decisiones sobre su próxima lectura.

¡Gracias!

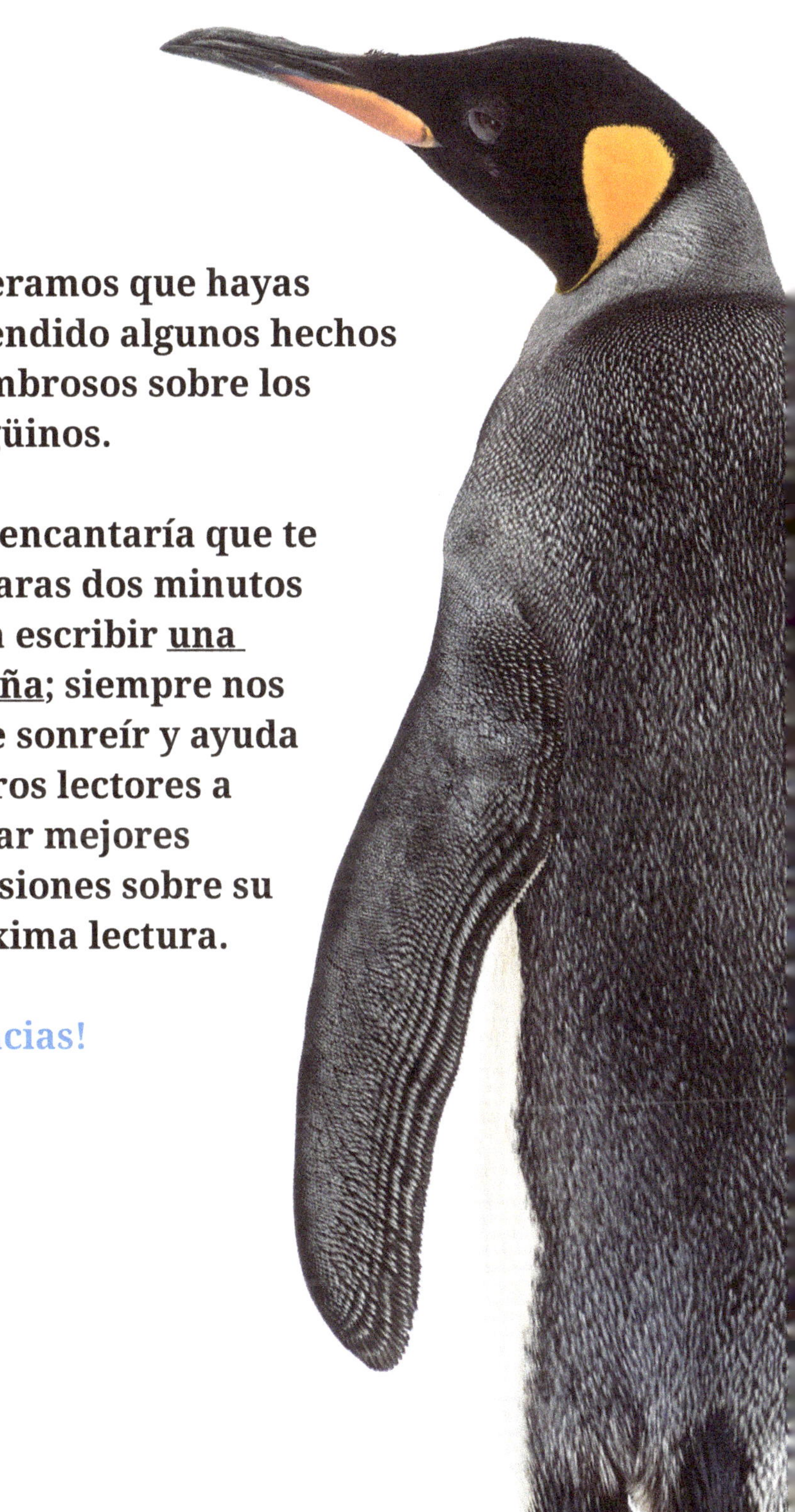

TAMBIÉN POR JENNY KELLETT

Disponible en

bellanovabooks.com/es